Lb55 685

LE
BON FRANÇAIS

SOUS

LA RÉPUBLIQUE

De la République. | Bon sens d'un Ouvrier.
De la Liberté. | De la Religion.
De l'Égalité. | Le Capitaine de dragons.
De la Fraternité. | Le Dimanche.
Du Peuple Français. | Le Suffrage universel.
Du Commerce. | Le Socialisme et le Com-
Les Aristocrates. | munisme.

PARIS.

IMPRIMERIE BAILLY, DIVRY ET Cᵉ,
place Sorbonne, 2.

1849

DE LA RÉPUBLIQUE.

La République convient-elle à la France?

Oui, si les Français veulent être de bons républicains.

Qu'est-ce qu'un bon républicain?

Le mot république signifie chose publique, bien public. Un bon républicain est donc un homme sincèrement dévoué au bien public; un homme disposé à préférer l'intérêt général à son intérêt particulier; un homme honnête, modéré, soumis aux lois de son pays; un homme, enfin, ami de ses semblables et surtout des malheureux. Voilà ce que c'est qu'un bon républicain. Que tous les Français s'efforcent de le devenir, et la République conviendra à la France.

DE LA LIBERTÉ.

Qu'est-ce que la liberté?

La liberté n'est pas la licence; la liberté n'est pas le désordre; la liberté n'est pas le libertinage; la liberté n'est pas le droit de tout faire.

Mais la liberté est le droit de faire ce qui peut nous être utile ou agréable sans nuire aux autres; la liberté est le droit de faire ce qui n'est défendu ni par les lois divines, ni par les lois humaines.

Voilà la liberté telle qu'un bon Français et un vrai républicain la comprendront toujours.

DE L'ÉGALITÉ.

Tous les hommes sont égaux devant Dieu qui a créé tous les hommes.

Tous les Français sont égaux devant la loi, qui n'admet de privilége pour personne.

Cependant dans l'ordre de la nature un fils doit être soumis à son père.

Dans l'ordre civil, un simple citoyen doit être soumis aux magistrats dépositaires de l'autorité.

Dans l'ordre de la religion, un chrétien doit être soumis à son pasteur.

Dans l'ordre militaire, un soldat doit être soumis à son capitaine.

Donc, même sous la république, et

avec l'égalité qu'elle proclame, il y aura toujours des supérieurs et des inférieurs. Toujours aussi les lois humaines comme les lois divines feront un devoir de l'obéissance.

DE LA FRATERNITÉ.

Enfants de la même famille, de cette grande famille qui s'appelle l'humanité, et dont Dieu est le père, aimez-vous les uns les autres.

Citoyens d'une même patrie, de cette belle et glorieuse patrie qu'on appelle la France, aidez-vous les uns les autres.

Vous surtout, concitoyens et habitants d'une même commune, vous qui cultivez le même sol, vous qui êtes destinés à passer ensemble votre vie tout entière, ah! aimez-vous, aidez-vous, secourez-vous les uns les autres.

C'est là la fraternité, la fraternité de la République, comme celle de l'Évangile.

DU PEUPLE FRANÇAIS.

Il n'y a plus en France, comme autrefois, ni aristocratie, ni tiers-état, la noblesse. Il n'y a plus que le peuple Français, c'est-à-dire la nation française; en un mot, il n'y a plus en France que des Français.

Pendant longtemps il y a eu rivalité et lutte entre les différentes classes qui se disputaient l'empire de la société. La bourgeoisie, ou classe moyenne, a fini par supplanter l'ancienne noblesse qui lui portait ombrage. La bourgeoisie, à son tour, a été supplantée par cette classe nombreuse de citoyens qui ont conquis le suffrage universel.

Maintenant que toutes les classes ont disparu pour se fondre en une seule dans l'unité du peuple français, il faut que la lutte cesse, il faut que les rivalités s'éteignent, il faut que tous les bons Français s'unissent, il faut que tous les vrais enfants de la France travaillent de concert au bonheur et à la prospérité de leur commune patrie. C'est l'union qui fait la force, et la France sera invincible au dehors et heureuse au dedans, si, comme un peuple de frères, les Français savent serrer leurs rangs et rester unis.

DU COMMERCE.

Pourquoi la misère est-elle si grande?

C'est parce que le commerce est tombé.

Pourquoi le commerce est-il tombé?

C'est parce que la confiance est détruite.

Pourquoi la confiance est-elle détruite?

C'est parce qu'il y a des hommes imprudents ou égarés qui, au lieu de prêcher l'union et la concorde, ont cherché par leurs clameurs et leurs menaces à soulever les pauvres contre les riches et à aigrir les riches contre les pauvres.

Quel est le moyen de rétablir la confiance et le commerce?

C'est que tous les bons Français s'unissent, les riches avec les pauvres et les pauvres avec les riches.

On a beau dire et beau faire, il y a toujours eu et il y aura toujours des riches et des pauvres; la nature humaine est ainsi faite, et il n'est pas donné à l'homme de la changer. Mettez aujourd'hui tout en commun, partagez les biens, comme quelques-uns le désirent, et dans un an, dans six mois peut-être, il faudra recommencer le même partage. Car, dans six mois, les uns auront été économes, les autres prodigues; les uns malades, et les autres bien portants ; les uns négligents et paresseux, et les autres actifs et labo- rieux ; les uns pleins d'intelligence dans leurs affaires, et les autres ne faisant que des sottises ; par consé- quent les uns se seront enrichis et les autres appauvris. Le seul parti à pren- dre, c'est donc que les riches et les pauvres vivent en paix et s'entr'aident mutuellement, comme la raison, com- me la religion le conseillent. C'est que les pauvres aient des égards pour les riches, dont ils doivent attendre secours et protection, et que de leur côté les riches soient pleins d'humanité, de bienveillance et de charité pour les pauvres qui sont leurs concitoyens et leurs frères. C'est que les uns et les autres se souviennent qu'ils ont dans le ciel un père commun qui deman-dera aux riches un compte sévère de l'usage de leurs richesses, et qui dé-dommagera les pauvres des privations qu'ils auront souffertes avec soumission pour l'amour de lui.

Cela ne vaut-il pas mieux que de pousser des cris et de proférer des menaces qui ne sont propres qu'à tuer la confiance, à ruiner le commerce, à perpétuer la misère et à perdre la France ?

LES ARISTOCRATES.

Quoiqu'il n'y ait plus d'aristocratie en France, bien des gens ont encore fréquemment à la bouche le mot d'*a-ristocrate*, qu'ils jettent quelquefois comme une injure ou une menace à la tête de certaines personnes.

Qu'est-ce donc maintenant qu'un aristocrate?

Cela dépend.....; car c'est là un de ces mots qui se mettent, comme l'on dit, à toute sauce : ainsi, un homme qui a cinq ou six mille francs de rente, regarde comme un aristocrate celui qui en possède vingt ou trente mille. Un propriétaire qui a huit ou dix arpents de terre, regarde comme un aristocrate celui qui en possède cinquante ou soixante. Un savetier qui porte tout son avoir dans sa hotte, traite quelquefois d'aristocrate le simple vigneron possesseur de deux ou trois arpents de terres ou de vignes qu'il cultive à la sueur de son front.

En voici un exemple :

Un modeste réparateur de la chaussure humaine, allait de village en village offrir de porte en porte le secours de son art. Passant dans un pays vignoble, il y vit une grande foule réunie sur la place ; on venait de planter l'arbre de la liberté, tout le monde criait : Vive la République ! et quelques-uns : A bas les riches et les aristocrates ! De quoi notre savetier fut grandement sur-pris...... Mes amis, dit-il aux vigne-rons, vous criez contre les riches et les aristocrates ; eh bien ! par rapport à moi, et à tant de gens qui me res-semblent, vous êtes vous-mêmes des riches et des aristocrates.

Car vous possédez une maison et un jardin, et je ne possède ni maison ni jardin.

Vous avez quelques terres et quelques vignes au soleil, et moi je n'ai ni terres ni vignes au soleil.

Vous récoltez des fruits et des légumes, et moi je ne récolte ni fruits ni légumes.

Vous avez un peu de vin dans votre cave, un peu de blé dans votre grenier, et moi je n'ai ni vin, ni cave, ni blé, ni grenier.

Vous avez un peu de lard dans votre saloir, un peu de jambon dans votre cheminée, et moi je n'ai ni lard, ni saloir, ni jambon, ni cheminée.

Vous avez pour la plupart une vache qui vous donne du lait, du beurre et du fromage, et moi je n'ai ni vache ni lait, ni beurre, ni fromage.

Vous êtes donc pour moi, mes amis, des riches et des aristocrates ; et si, ce qu'à Dieu ne plaise, on venait à déposséder les grands riches et les grands aristocrates, gare alors, mes amis, aux petits riches et aux petits aristo-crates!....

Pensez-y bien, et vous ne ne crierez plus.

BON SENS D'UN OUVRIER.

Quatre ouvriers qui cherchaient de l'ouvrage entrèrent dernièrement dans un presbytère pour y demander en passant l'assistance. Le curé leur donna à chacun un sou, en exprimant le re-gret de ne pouvoir faire davantage. Trois d'entre eux le remercièrent avec honnêteté, mais en sortant le qua-trième murmura : Un sou! disait-il, qu'est-ce que cela ? j'espérais en avoir au moins huit ou dix pour ma part. Tu crois donc, camarade, lui répondit l'un des ouvriers, tu crois donc qu'un curé de village est un homme riche? J'en sais quelque chose, moi, et je puis en parler savamment, car j'avais un oncle prétre qui en mourant, l'année dernière, n'a rien laissé à sa famille.

Voici quelle était sa position financière : il recevait du gouvernement 800 francs, de sa paroisse un supplément de 200 francs, et son casuel, assez mal payé, s'élevait au plus à une centaine de francs. Tout cela réuni faisait à peine 3 francs par jour! Combien de simples ouvriers dont l'éducation n'a été ni aussi longue ni aussi coûteuse, et qui dans les villes et dans certains villages gagnent autant et même davantage! Avec cela, mon oncle était obligé de se nourrir et de s'entretenir, de nourrir et de payer sa domestique, sans parler d'une foule de faux frais indispensables dans sa position; il était obligé de faire l'aumône aux pauvres de sa paroisse, aux passants qui se présentaient à sa porte et aux malheureux ouvriers sans ouvrage comme nous. De plus, il avait à sa charge des parents vieux et infirmes, qui avaient tout sacrifié pour son éducation !

Pour tout cela, 3 francs par jour !

Qu'on dise maintenant qu'un curé de village est un homme riche ! Il faudrait être insensé pour le dire ! il faudrait être insensé pour le croire !

Je ne savais pas tout cela, reprit le compagnon murmurateur : je croyais bonnement qu'un prêtre était un homme tout cousu d'or ; je vois bien maintenant que s'il voulait comme nous fêter chaque semaine le lundi du savetier, il ne lui serait guère possible de faire l'aumône.

****

DE LA RELIGION.

Toutes les nations civilisées ont toujours eu et ont encore une religion.

Il n'y a sur la terre que quelques peuplades sauvages qui vivent sans culte et sans religion.

Sans religion, point de société, point de république, point de gouvernement possible : car la religion est la base et le fondement de la morale, qui fait elle-même la base et le fondement de la société. C'est là une vérité qui a été comprise par tous les philosophes et tous les législateurs ; aussi l'un d'eux n'a-t-il pas craint de dire qu'on *bâtirait plutôt une ville au milieu des airs que de faire subsister un Etat sans religion.*

Voilà pourquoi notre jeune république française, aussi sage que sa devancière de 93 avait été extravagante et impie, s'est montrée dès l'origine et se montre encore pleine de bienveillance pour la religion.

Voilà pourquoi d'un bout de la France à l'autre, dans les provinces comme dans la capitale, la religion, ses temples, ses ministres ont été, même au milieu de l'effervescence populaire, entourés d'un respect unanime et des plus sincères hommages.

Cette conduite, il faut le dire, a prouvé à l'Europe le bon sens de la France, et lui a fait le plus grand honneur dans tout le monde civilisé.

LE CAPITAINE DE DRAGONS.

Si une religion est nécessaire, il faut sans doute qu'on la pratique : car une religion que l'on ne pratiquerait pas, serait à peu près comme si elle n'existait pas. Et s'il faut nécessairement pratiquer une religion, laquelle donc? car il en est plusieurs qui se partagent l'empire de l'univers. A laquelle faut-il donner la préférence?

Sans vouloir ici discuter à fond cette question si grave, qu'il me suffise de citer les belles paroles qu'un jeune capitaine de dragons faisait dernièrement entendre dans un cercle d'offi ciers de son âge :

« Quant à moi, disait-il, je le déclare « avec franchise : je suis catholique, et « à toutes les religions du monde je « préfère notre vieille et glorieuse « religion catholique.

« Je la préfère, parce qu'elle est la « religion de la France, ma chère et « bien-aimée patrie.

« Je la préfère, parce qu'elle est la
« religion de mon enfance et de ma
« jeunesse.

« Je la préfère, parce qu'elle est la
« religion de ma famille et de mes an-
« cétres.

« Soldat français, je la préfère, parce
« qu'elle a été la religion du grand
« Napoléon, qui a vécu catholique, qui
« est mort catholique, après avoir de-
« mandé avec empressement et reçu
« avec foi les consolations et les sacre-
« ments de la religion catholique.

« Citoyen français, je la préfère,
« parce que longtemps avant la répu-
« blique elle avait prêché aux hommes
« la liberté, l'égalité et la fraternité.

« Je la préfère, parce qu'elle est émi-
« nemment civilisatrice. Voyez les
« peuples arabes autrefois civilisés
« par le catholicisme, voyez ce qu'ils

« sont devenus sous la religion de
« Mahomet!... Oui, l'Évangile seul a
« pu et peut encore seul civiliser le
« monde.

« Je la préfère, parce qu'elle est en-
« seignée par l'Église, et que l'Église
« l'a reçue tout entière de la bouche
« même de Jésus-Christ.

« Je la préfère, à cause de son admi-
« rable unité; car ne formant qu'un
« seul troupeau sous un seul pasteur,
« le Pontife romain, elle compte dans
« son sein deux cent millions de ca-
« tholiques.

« Je la préfère, à cause de son uni-
« versalité, car elle éclaire de sa divine
« lumière toutes les contrées que le
« soleil éclaire de ses rayons.

« Je la préfère, à cause de son inva-
« riabilité; car la vérité demeure éter-
« nellement la même; elle est aujour-

« d'hui ce qu'elle était hier ; elle sera
« dans mille ans ce qu'elle est aujour-
« d'hui. Donc une religion qui change
« comme la religion protestante ne sau-
« rait être la vérité qui ne change pas.

« Je la préfère, enfin, parce que cha-
« que jour nous voyons des protestants
« ou des juifs qui à l'heure de la mort
« se font catholiques pour assurer leur
« salut ; tandis que jamais nous ne
« voyons un catholique, au moment
« suprême, se faire juif ou protestant
« pour assurer le sien.

« Pour ces motifs donc et pour bien
« d'autres encore, je préfère la religion
« catholique. De même que je suis et
« veux demeurer français, de même je
« suis et veux demeurer catholique.
« Français et catholique, citoyen fran-
« çais et chrétien catholique, voilà
« deux titres dont je suis fier et dont

« je tâcherai de me rendre digne.
« Citoyen français, je serai fidèle aux
« lois de la République française ; chré-
« tien catholique, je serai fidèle aux lois
« de la religion catholique ; car une
« religion que je ne pratiquerais pas,
« serait pour moi comme si elle n'exis-
« tait pas. »

LE DIMANCHE.

On l'a dit et répété mille fois : sans religion, point de société possible !

On pourrait également le dire et le répéter mille fois : sans dimanche, c'est-à-dire sans l'observation fidèle et religieuse du dimanche, point de religion possible !

En effet, vous avez dès votre enfance connu et pratiqué la religion ; mais vous cessez tout à la fois et de la pratiquer et de la connaître en négligeant l'observation du dimanche. D'abord vous cessez de la pratiquer, puisque vous violez une de ses lois les plus importantes, qui prescrit la sanctification du dimanche. Vous cessez en même temps de la connaître : car la religion est une doctrine, c'est la doctrine chrétienne ; la religion est une philosophie, à la fois populaire et sublime ; c'est la sainte et divine philosophie de l'Évangile ; la religion est un ensemble de vérités dogmatiques et morales qui s'enseignent et qui s'apprennent, mais aussi qui s'oublient. Or en cessant de vous rendre le dimanche aux assemblées religieuses où l'on rappelle sans cesse à l'esprit et au cœur le souvenir de ces vérités salutaires, vous les oublierez peu à peu, et bientôt vous n'aurez plus sur Dieu et sur l'Évangile, sur la foi et sur la morale, que des idées vagues et incohérentes, ou même fausses et ridicules. Vous cesserez donc de connaître et de pratiquer la religion ; or une religion que l'on ne pratique pas est à peu près comme si elle n'existait pas.

Sans dimanche donc point de religion possible, et sans religion point de société possible.

Vous donc qui ne voulez pas que la religion s'affaiblisse, vous qui ne voulez pas que la société périsse, de grâce, observez, sanctifiez le dimanche !

LE SUFFRAGE UNIVERSEL.

Français, l'égalité politique ne sera plus un vain nom pour vous ! Vous avez conquis le suffrage universel ! montrez-vous dignes d'un tel honneur, et sachez faire de votre conquête un noble et saint usage ! Vous pouvez maintenant choisir le conseil de votre commune, de votre arrondissement, de votre département. Vous pouvez nommer les législateurs de la France et même le président de la République ?...

Souvenez-vous que le devoir est toujours à côté du droit, et que si vos droits sont devenus plus étendus, votre responsabilité est aussi devenue plus grande. Le sort de la patrie est désormais entre vos mains ; choisissez donc la main sur la conscience les hommes auxquels vous confierez ses destinées.

Défiez-vous des esprits exaltés et des imaginations trop ardentes ; car les affaires publiques doivent être traitées avec modération et sagesse ; et le char de l'État traîné par des coursiers trop fougueux, ne tarderait pas à se précipiter dans l'abîme.

Choisissez des hommes connus par leur prudence, leurs lumières, leur désintéressement et leur amour pour le peuple ; mais n'oubliez pas que les flatteurs du peuple ne sont point ses amis.

Gardez-vous de toute prévention injuste contre quelques-uns de vos concitoyens. Un honnête homme ne doit croire le mal que quand il est prouvé.

On vous dira de l'un qu'il est un blanc ; de l'autre, qu'il est un aristocrate ; de celui-ci, qu'il est légitimiste et partisan d'Henri V ; de celui-là, qu'il est orléaniste ou bonapartiste. Presque toujours, croyez-le bien, ce sont là des propos absurdes et des imputations ridicules. Que la république soit bonne et juste pour tous les Français, et tous les Français, sans distinction de parti, aimeront la république. Car, qui que nous soyons, nous préférons le gouvernement qui protége l'ordre, qui nous donne la paix avec la liberté et qui nous rend heureux.

Déposez donc avant le scrutin toute prévention injuste; et entre tous vos concitoyens choisissez les plus dignes. Si, comme il arrive, les candidats qui sollicitent vos suffrages ne vous sont pas assez connus, prenez conseil, oui, prenez conseil, non pas auprès du premier venu, mais auprès des hommes éclairés, consciencieux, amis sincères d'une liberté sage, d'une égalité bien entendue et d'une fraternité toute chrétienne.

DU SOCIALISME ET DU COMMUNISME.

Si par socialisme et communisme

on entendait simplement *l'association* légale de certaines classes d'ouvriers ou de commerçants qui, dans un but d'intérêt mutuel, mettraient en *commun* leurs économies, leur intelligence et leur travail, la France ne pourrait qu'applaudir au socialisme et au communisme ; car, ainsi comprise, l'association présenterait les plus précieux avantages.

Mais telle n'est pas la doctrine de nos soi-disant socialistes et communistes.

Ces nouveaux réformateurs, dont la modestie n'est pas la vertu dominante, se sont naïvement imaginé que jusqu'à l'époque de leur apparition en ce monde, rien sur la terre n'avait été ni bien, ni juste, ni raisonnable. Trouvant donc qu'après six mille ans d'existence la société humaine n'avait pas encore atteint l'âge de raison, ils se sont cru la mission de la renverser de fond en comble, afin de la refaire à neuf et dans des moules tout à fait nouveaux. C'est là le Socialisme dans ce qu'il a de plus clair et de plus saisissable : *le socialisme est la démolition et la refonte de la société selon des formes nouvelles et dans des moules tout nouveaux.*

Ceux qui ont inventé ou forgé ces moules s'appellent Socialistes, Phalanstériens, Fouriéristes, Icariens, Communistes, Saint-Simoniens...., et autres que l'avenir pourra nous apprendre. On les nommerait mieux, ce me semble, *démolisseurs et refondeurs de la société.*

Du reste, si tous sont d'accord pour renverser l'ordre social, ils ne le sont plus quand il s'agit de le reconstruire. Chacun a son moule, dans lequel, de gré ou de force, il voudrait faire entrer la pauvre société. Ainsi les uns demandent le partage immédiat des terres et des propriétés ; comme si un tel partage n'était pas un vol manifeste condamné par la morale et par les lois de toutes les nations civilisées ; les autres se contenteraient d'arriver progressivement au même but par des moyens qui, pour être moins violents, n'en seraient pas moins injustes. Certains communistes, au contraire, regardant la propriété comme un vol, voudraient que tout fût mis en commun, biens, femmes et enfants, afin de vivre à peu près comme ces troupeaux de bétail que l'on voit bondir dans la même plaine, s'abreuver à la même source et brouter l'herbe de la même prairie.

D'autres proposent pour la société

des formes différentes, selon la différence de leurs moules ; mais, enfin, tous ont leurs moules..... il ne leur manque plus que la matière..... Où la trouveront-ils?.... Sera-ce à Bicêtre ou en Icarie? je n'en sais rien. Mais ce que je sais, c'est que la société française est trop intelligente pour se laisser démolir et refondre dans le moule de messieurs les socialistes, saint-simoniens, communistes, phalanstériens et fouriéristes.

Pauvres socialistes! pauvres communistes! dans quel abîme d'erreurs l'orgueil ne vous a-t-il pas précipités! Oh! que la main de Dieu vous relève et que sa lumière vous éclaire, vous et les malheureuses victimes de vos théories insensées!

Et vous, bons et laborieux ouvriers des villes et des campagnes, défiez-

vous, ah! défiez-vous de ces témérai-
res novateurs dont les audacieux sys-
tèmes épouvantent la société, anéan-
tissent le commerce et vous font tant
souffrir. Défiez-vous de ces dangereux
utopistes qui voudraient vous imposer
les rêves de leur imagination en délire.
Ils ont osé se dire vos amis et vos pro-
tecteurs ; mais vous savez, travailleurs
honnêtes, ce que vous ont valu jusqu'ici et leur amitié mensongère et leur
protection hypocrite. Cachant sous le
voile de vos prétendus intérêts, l'am-
bition qui les dévore, ils ont semé l'ef-
froi dans le cœur de la France, et vous
n'avez recueilli que la ruine et la misère. Défiez-vous donc de ces flatteurs
perfides qui vous promettent monts et
merveilles et cherchent à vous bercer
de chimériques espérances.

La République, soyez-en sûrs, fera,

de concert avec la religion, tout ce qui est humainement possible pour adoucir vos souffrances et améliorer votre sort ; mais, ni la religion ni la patrie ne peuvent rien au delà des bornes du juste et du possible. Quoi qu'on fasse et quoi qu'on imagine, il y aura toujours, dans toute société humaine, du malaise, de la gêne et de la douleur ; car le bonheur parfait ne saurait se rencontrer sur la terre ; et l'Evangile, en nous annonçant la bonne nouvelle du salut, ne nous a point promis le paradis en ce monde. Non, c'est dans un monde meilleur que nous devons l'espérer et l'attendre ; et c'est par la vertu, la patience et les sacrifices que nous pourrons le conquérir.